MW01635630

Le Schtroumpf Reporter

D'après une histoire originale de Peyo.
Novélisation : Arnaud Huber.

Conception graphique : Audrey Thierry.
Mise en pages : Célia Gabilloux.

Hachette Livre, 43, quai de Grenelle, 75015 Paris

Le Schtroumpf Reporter

Le village des Schtroumpfs

C'est dans ce charmant village aux maisons en forme de champignons que vivent les Schtroumpfs. Caché au cœur de la forêt, nul ne peut le trouver sans être guidé par l'un de ses habitants !

Le Schtroumpf Reporter

Exaspéré
que les Schtroumpfs
croient tout et n'importe quoi,
ce Schtroumpf très curieux se lance
dans la rédaction d'un journal. Mais cette
entreprise, qui partait pourtant d'une
bonne intention, risque de faire plus
de mal que de bien…

La Schtroumpfette

C'est l'unique fille du village ! Très jolie, elle fait fondre le cœur de tous les Schtroumpfs… Mais, attention, elle a aussi un sacré caractère !

Le Grand Schtroumpf

C'est le chef du village. Grâce à sa sagesse et à ses talents de magicien, il parvient toujours à sortir les Schtroumpfs des situations les plus difficiles !

Gargamel et Azraël

Le terrible sorcier Gargamel est l'ennemi juré des Schtroumpfs ! Toujours accompagné de son chat Azraël, il élabore sans cesse de nouveaux plans dans le but de capturer les petits lutins bleus.

Chapitre 1

Un reporter est né !

On dit souvent que les nouvelles vont vite. Chez les Schtroumpfs, ça dépend des jours. Mais il arrive souvent qu'un événement fasse le tour du village à toute vitesse. Il se colporte alors de Schtroumpf en Schtroumpf. Le problème, c'est que chacun le raconte à sa manière. Autant dire qu'à

la fin, il ne reste, bien souvent, pas grand-chose de la réalité.

Ce jour-là, un Schtroumpf pas comme les autres se promène dans la forêt. Pourquoi est-il différent ? Parce qu'il adore noter scrupuleusement, dans son petit carnet, tout ce qu'il observe. Aujourd'hui, il inscrit la couleur des papillons, la vitesse du vent, le nombre de pétales des fleurs et de glands ramassés par les écureuils : absolument TOUT.

Au détour d'un buisson, il surprend le Schtroumpf Pêcheur empêtré de la tête aux pieds dans le fil de sa canne à pêche. Celui-ci est si emmêlé que le Schtroumpf Pêcheur perd l'équilibre et tombe à l'eau. Une chute sans gravité, heureusement. Du coup, plutôt que d'aller le secourir, notre Schtroumpf pas comme les autres reste caché.

Le Schtroumpf Pêcheur serait fâché d'avoir été surpris, se dit-il.

Contrarié de n'avoir rien attrapé et d'être ainsi trempé, le Schtroumpf Pêcheur décide de rentrer au village. Sur le chemin du retour, il passe près des champs du Schtroumpf Paysan.

— Nom d'un Schtroumpf ! s'exclame celui-ci. T'es encore schtroumpfé dedans ?

— Ce n'est pas du tout ce que tu crois ! réplique le Schtroumpf Pêcheur.

Il raconte qu'il pêchait depuis un bon moment quand sa ligne a accroché quelque chose.

— Je saute sur mes deux pieds pour le schtroumpfer hors de l'eau,

mais *ZIP !* je glisse et *PLOUF !* je schtroumpfe dans l'eau. Je t'assure que sinon j'aurais schtroumpfé un poisson gros comme ça ! termine-t-il en écartant les bras au maximum, pour décrire la taille de la bête.

Le Schtroumpf Paysan s'empresse de raconter la mésaventure du Schtroumpf Pêcheur au Schtroumpf Bricoleur… qui la raconte à son voisin. Le Schtroumpf Coquet entend la conversation. Il la rapporte illico au Schtroumpf à Lunettes. Et de fil en

aiguille, tout le village ne parle que de ça ! Sauf que le petit mensonge du Schtroumpf Pêcheur est devenu une légende abracadabrantesque : on dit qu'il aurait vaincu un monstre qui voulait l'entraîner au fond de l'étang !

— C'est un héros ! disent certains.

— Qu'est-ce que j'entends ? demande en riant le seul Schtroumpf qui connaît la vérité. Le Schtroumpf Pêcheur, un héros ? C'est une blague ?! Qui vous a raconté ça ?

Tous les Schtroumpfs répondent en même temps. Chacun dit qu'il l'a entendu de quelqu'un qui l'a entendu de quelqu'un qui l'a entendu de quelqu'un. Bref, personne ne sait qui a commencé avec cette histoire. Le seul témoin de l'incident interrompt cette cacophonie.

— Pourtant, vous savez bien qu'il n'y a jamais eu de monstre dans l'étang !

— Tiens, c'est vrai ! reconnaît un Schtroumpf.

— Je n'y avais pas pensé, réalise un autre.

— C'est dommage, regrette un dernier. J'aimais bien cette histoire de monstre.

Le Schtroumpf pas comme les autres s'empresse d'en parler au Grand Schtroumpf.

— Vous avez vu ça ? s'emporte-t-il. Ils se sont

laissé schtroumpfer par cette histoire grotesque !

— Que veux-tu ! répond le Grand Schtroumpf. C'est le manque d'informations. Et le bouche à oreille fait le reste…

— Mais de nos jours, c'est impensable ! Les Schtroumpfs ont droit à une information correcte ! Ils ont le droit de connaître la vérité !

— Tu as raison ! approuve le Grand Schtroumpf. Je te schtroumpfe la

mission d'informer correctement les Schtroumpfs !

Il n'en faut pas davantage pour faire sauter de joie notre Schtroumpf.

— Merci, Grand Schtroumpf ! Je ne vous décevrai pas !

Un reporter est né : le Schtroumpf Reporter !

Chapitre 2

Les nouvelles s'arrachent !

Aussitôt, le Schtroumpf Reporter se met en quête d'événements à raconter. Il surprend ainsi le Schtroumpf Musicien en train d'assommer le Schtroumpf à Lunettes à coups de trompette. Puis il croise le Schtroumpf Coquet, effondré d'avoir brisé son

miroir. Et comme un peu plus tôt dans la forêt, il reporte dans son petit carnet tout ce qu'il observe. Il note jusqu'à la sieste du Schtroumpf Paresseux ! Ce qui n'a pourtant rien d'une nouveauté…

Le lendemain, après une nuit entière passée à écrire sur une grande feuille les nouvelles ainsi récoltées, il cloue celle-ci sur un panneau de bois, au centre du village…

— Tiens, qu'est-ce que tu schtroumpfes ? demande le Schtroumpf Costaud au Schtroumpf Reporter.

— Ce sont les nouvelles du jour, explique ce dernier. Tout ce qui s'est schtroumpfé au village hier y est écrit.

Ravi d'avoir trouvé son premier lecteur, le Schtroumpf Reporter s'éclipse. Il rentre tranquillement chez lui, avec la satisfaction du devoir accompli. Il est persuadé que son initiative aidera les Schtroumpfs à mieux se comprendre. Mais chez les petits lutins bleus, rien n'est jamais vraiment simple.

— Écoute ça ! dit le Schtroumpf Costaud au Schtroumpf Paysan, qui passe par là. « Hier, le Schtroumpf

à Lunettes a passé un mauvais quart d'heure après avoir tenté de schtroumpfer la morale au Schtroumpf Musicien… »

— Ha, ha, ha ! Sacré Schtroumpf à Lunettes ! s'esclaffe le Schtroumpf Paysan.

Une autre information fait beaucoup moins rire le Schtroumpf Costaud.

— Nom d'un Schtroumpf ! s'écrie-t-il. Le Schtroumpf Paresseux a dormi tout l'après-midi à l'ombre d'un châtaignier, alors que je lui avais schtroumpfé trois noisettes pour qu'il coupe mes bûches ! Ça va schtroumpfer !

Le Schtroumpf Costaud est furieux. Il part aussitôt à la recherche du Schtroumpf Paresseux. Notre fainéant professionnel risque de passer un mauvais quart d'heure !

De son côté, le Schtroumpf Reporter estime qu'il est temps de faire le tour du village pour recueillir les impressions des Schtroumpfs sur son panneau.

— Hé, toi ! Tu as lu les nouvelles ? Qu'est-ce que tu en penses ? demande-t-il à un Schtroumpf qui passe devant lui.

— Tu parles du panneau ? Bof ! Il y avait trop de monde devant, alors… répond celui-ci d'un air indifférent.

Le Schtroumpf Reporter fronce les sourcils. *Sûrement un Schtroumpf que ça n'intéresse pas,* pense-t-il. *Peut-être même un idiot ! Il n'y a qu'à voir sa tête…*

Il poursuit son chemin.

— Salut, Schtroumpf Bricoleur ! lance-t-il en s'appuyant à sa fenêtre. Tu as lu les informations ?

— Désolé, je n'ai pas le temps d'aller jusque-là ! réplique ce dernier tout en continuant de scier une bûche. Je travaille, moi !

Le Schtroumpf Reporter est un peu déçu, mais il se met à réfléchir.

Le Schtroumpf Bricoleur a raison, songe-t-il. *Tous les Schtroumpfs n'ont pas le temps d'aller lire les nouvelles. Qu'à cela ne tienne ! Ce sont les nouvelles qui viendront à eux…*

Il décide alors de recopier toutes ses notes sur des feuilles volantes. Mais c'est un travail long et fastidieux. Au terme d'une nouvelle nuit sans sommeil, il n'est parvenu à constituer que trois cahiers…

— Tant pis ! L'information n'attend pas ! s'exclame-t-il en quittant sa maison, ses nouvelles sous le bras.

Une fois dans la rue, il en propose un exemplaire au Schtroumpf Costaud, qui l'accepte aussitôt. Puis c'est au tour du Schtroumpf Boulanger, qui a un peu de temps pour lire, maintenant qu'il a enfourné ses petits pains.

— Qui veut mon dernier exemplaire ? crie alors le Schtroumpf Reporter.

— Moi ! répondent ensemble deux Schtroumpfs en s'emparant de l'unique cahier restant.

Le ton monte très vite et une véritable bagarre éclate.

— J'étais le premier ! clame l'un des deux Schtroumpfs.

— Je l'ai demandé avant ! rétorque l'autre.

Et ce qui devait arriver arrive ! À force de tirer dessus, ils finissent par déchirer le journal ! Le Schtroumpf Reporter est dépité. Il l'est davantage encore lorsqu'il découvre que le Schtroumpf Boulanger a jeté son exemplaire au feu. Et que le Schtroumpf Costaud a utilisé le sien pour éviter à la Schtroumpfette de marcher dans une flaque d'eau.

— Pff ! se lamente le Schtroumpf Reporter. Comment les autres

Schtroumpfs vont-ils pouvoir lire les nouvelles, maintenant ? Même en y passant toutes mes nuits, je n'arriverai jamais à écrire assez d'exemplaires pour tout le monde ! C'est bien trop schtroumpfant !

Assis sur un banc, le Schtroumpf Reporter déprime. Informer les Schtroumpfs, c'est son rêve, sa vocation ! Le Grand Schtroumpf lui en a même confié la mission ! Mais comment faire ?

Chapitre 3

Une idée de génie

— Dis donc, ça n'a pas l'air de schtroumpfer, toi ! lui lance le Schtroumpf Bricoleur en passant.

Mais bien sûr ! se dit le Schtroumpf Reporter. *Le Schtroumpf Bricoleur est le Schtroumpf de la situation : lui seul est suffisamment ingénieux pour trouver une solution à mon problème !*

Sans hésiter, il court le rattraper et lui explique ce dont il a besoin : une machine qui écrirait à sa place… et en plusieurs exemplaires !

— Un peu de sérieux, le raisonne le Schtroumpf Bricoleur. Celui qui schtroumpfera une telle machine n'est pas encore né !

Puis il s'éloigne, songeur.

— Pourquoi croient-ils tous que je peux résoudre leurs problèmes en schtroumpfant une machine ?

Et pourtant… En croisant le Bébé Schtroumpf, qui joue dans son bac à sable, le Schtroumpf Bricoleur a une révélation. Lorsque le Bébé Schtroumpf frappe ses cubes dans le sable, les lettres gravées sur ceux-ci y laissent leur empreinte, comme la semelle d'une chaussure.

— Eurêka ! s'exclame-t-il.

Et sans perdre une minute, il file se mettre au travail.

Quelques jours plus tard, le Schtroumpf Bricoleur dévoile au Schtroumpf Reporter l'incroyable machine qu'il a fabriquée ! C'est une véritable presse à bras, conçue pour imprimer des textes en grande quantité, comme celle inventée par le

célèbre Gutenberg ! Sauf que le Schtroumpf Bricoleur a quelques centaines d'années d'avance…

L'engin est imposant et a l'air solide.

— Waouh ! s'extasie le Schtroumpf Reporter. Mais… euh… ça fonctionne comment ?

— Tu te souviens des cubes du Bébé Schtroumpf ? J'ai demandé au Schtroumpf Sculpteur de m'en schtroumpfer de tout petits pour chaque lettre de l'alphabet ! On les place à l'envers sur une règle métallique pour composer des phrases…

— Pourquoi à l'envers ? interroge le Schtroumpf Reporter.

— Parce que sinon ça ne schtroumpfe pas ! Regarde, maintenant !

Le Schtroumpf Bricoleur pose sa réglette au creux d'une plaque, puis il la badigeonne d'encre. Il la pose ensuite avec une feuille de papier sous la planche en bois. Enfin, il actionne le levier pour presser la plaque contre la feuille de papier. Ça semble demander beaucoup d'efforts. Mais ça fonctionne !

— Et abracadabra ! s'exclame le Schtroumpf Bricoleur, en tenant entre les mains une feuille sur laquelle il est écrit : « Tu vois, ça schtroumpfe ! »

— Schtroumpf Bricoleur, tu es génial ! Je suis sûr qu'on parlera encore de cette invention dans des millénaires !

— N'exagérons rien ! Peut-être quelques siècles... répond le Schtroumpf Bricoleur, toujours aussi modeste.

— Cela dit, ça a l'air schtroumpfement dur de mettre sous presse, s'inquiète le Schtroumpf Reporter. Il faudra que je schtroumpfe quelqu'un pour m'aider.

Le Schtroumpf Bricoleur acquiesce. Au même moment, arrive le Schtroumpf Gourmand. Son casse-noisettes est encore cassé.

— Je t'ai déjà dit que ces noisettes étaient beaucoup trop grosses ! lui fait remarquer le Schtroumpf Bricoleur.

Le Schtroumpf Gourmand découvre alors la nouvelle machine et s'en approche.

— On dirait… miam… un énorme… crunch… cache-noijettes, constate-t-il, la bouche pleine.

Voilà qui donne une idée au Schtroumpf Reporter !

— Ça te dirait de travailler pour moi ? demande-t-il. En échange, je

te laisserai schtroumpfer tes noisettes sur ma presse !

L'affaire est entendue ! Et c'est ainsi que naît *Schtroumpf à la une*, le tout premier quotidien de l'histoire des Schtroumpfs ! Mais le Schtroumpf Reporter va vite se rendre compte que diriger un journal n'est pas de tout repos…

Chapitre 4

Au feu !

En une du premier numéro de *Schtroumpf à la une*, le Schtroumpf Reporter adresse un message à tout le village. Selon lui, « finis les on-dit, les ragots et les rumeurs non fondées. Dorénavant, l'information VRAIE est en marche et rien ne l'arrêtera ». À l'imprimerie, le Schtroumpf à Lunettes

ne peut cependant s'empêcher de faire remarquer que quelques erreurs se sont glissées dans le quotidien. Il ajoute qu'il se verrait bien rédacteur en chef du journal…

— Tes remarques sont les bienvenues, Schtroumpf à Lunettes, mais c'est MON journal ! le met en garde le Schtroumpf Reporter.

— Le Schtroumpf Reporter a raison, intervient le Schtroumpf Costaud, également sur le pas de la porte de l'imprimerie. Et si tu n'arrêtes pas de nous schtroumpfer les oreilles, tu seras dans le journal demain… en pièces détachées, façon puzzle !

— Oh ! Je le dirai au Grand Schtroumpf, gémit le Schtroumpf à Lunettes en s'enfuyant.

Le Schtroumpf Reporter remercie le Schtroumpf Costaud de l'avoir ainsi débarrassé du plus pénible des

Schtroumpfs. Mais ce dernier a également des réclamations.

— C'est vrai qu'il n'y aura plus d'histoires où le Schtroumpf à Lunettes prend des baffes ? demande-t-il.

— J'ai de grands projets pour mon journal, explique le Schtroumpf Reporter, sur un ton presque aussi prétentieux que celui du Schtroumpf à Lunettes. Et pour ça, je dois élever le niveau de mes articles.

C'est alors que le Schtroumpf Tambour débarque à son tour, tout aussi mécontent.

— Et moi ? demande-t-il. Tu as pensé à moi? Je suis sans travail,

maintenant que le journal annonce tout à ma place !

— Ne t'inquiète pas ! Tu es exactement le Schtroumpf dont j'ai besoin pour distribuer le journal. Comme ça, tu continueras à schtroumpfer les nouvelles, et moi, j'aurai tout mon temps pour schtroumpfer des reportages.

Aussitôt, le Schtroumpf Reporter se met en quête de nouvelles fraîches. Comme il ne se passe pas grand-

chose, il décide d'écrire un article sur le travail artistique du Schtroumpf Peintre. Malheureusement, à part le Schtroumpf à Lunettes, personne ne trouve ce sujet très intéressant. Seuls trois exemplaires de ce nouveau numéro sont distribués. C'est un véritable fiasco. Heureusement pour *Schtroumpf à la une*, le malheur des uns fait le bonheur de la presse. Il suffit de rester sur le qui-vive…

— AU FEU ! entend-on soudain crier.

Le Schtroumpf Reporter reprend du service ! Il sort précipitamment de l'imprimerie.

— Hé ! Qu'est-ce qui se schtroumpfe ? demande-t-il à un Schtroumpf qui passe en courant, affolé.

— La réserve de nourriture est en feu ! Les pompiers sont en route !

Ça, c'est un reportage que je ne dois pas rater ! se dit le Schtroumpf Reporter.

Il tente de se frayer un chemin au milieu de la foule qui se presse devant l'incendie.

— Laissez-moi passer ! Je dois schtroumpfer mon reportage !

— Et puis quoi encore ? s'énerve un Schtroumpf.

PIN-PON ! PIN-PON !

— Voilà les pompiers ! Écartez-vous ! Laissez-les schtroumpfer !

Malheureusement, les Schtroumpfs qui assistent habituellement le Schtroumpf Pompier sont malades. Dans l'urgence, les deux seuls volontaires qu'il est parvenu à trouver sont le Schtroumpf Bêta et le Schtroumpf Paresseux. Malgré ses directives, l'intervention tourne vite à la catastrophe. Le Schtroumpf Bêta s'emmêle les pieds dans le tuyau au

lieu de le dérouler et le Schtroumpf Paresseux s'endort sur la citerne au lieu de pomper l'eau. En un rien de temps, la réserve part en fumée.

Le lendemain, l'incendie fait, bien évidemment, les gros titres du journal ! Dans son article, le Schtroumpf Reporter accuse les pompiers d'incompétence. Ceux qui n'ont pas assisté au drame n'en reviennent pas d'apprendre que le Schtroumpf Paresseux s'est endormi. Comme si c'était un scoop… Quoi qu'il en soit,

les exemplaires du journal se vendent comme des petits pains !

Mais si le Schtroumpf Reporter commence à arranger la vérité pour rendre ses informations plus croustillantes, son journal risque de devenir une arme à double tranchant. En effet, contrairement à l'engagement qu'il a pris de ne dire que la vérité, le Schtroumpf Reporter a « oublié » de préciser que les vrais assistants du Schtroumpf Pompier étaient souffrants…

Pourvu que la soif de succès du Schtroumpf Reporter ne l'incite pas à raconter tout et n'importe quoi !

Chapitre 5

Un vrai scandale

Désormais à l'affût du moindre scoop, le Schtroumpf Reporter ne se contente plus de noter tout ce qu'il voit. Affublé d'un chapeau marron et d'une cravate verte, pour bien montrer qu'il n'est pas un Schtroumpf comme les autres, il va beaucoup plus loin. Il épie ses camarades. Il espionne

leurs conversations. Et lorsqu'il entend le Schtroumpf Bûcheron inviter le Schtroumpf Bricoleur à le suivre pour « schtroumpfer par lui-même la gravité de la situation », il n'hésite pas un seul instant à les filer.

Quelques minutes plus tard, les voilà près du barrage qui protège le village de la rivière. Le Schtroumpf Reporter est caché derrière un châtaignier. Il écoute attentivement.

— Regarde, le bois est pourri et laisse schtroumpfer l'eau, dit le

Schtroumpf Bûcheron au Schtroumpf Bricoleur. Et il y a plusieurs trous comme celui-ci !

— Mouais… admet le Schtroumpf Bricoleur. En tout cas, je n'ai pas le temps de m'en occuper ! Ça tiendra bien encore quelque temps !

— Tu as raison, réplique le Schtroumpf Bûcheron. De toute façon, moi non plus, je n'ai pas le temps !

Hé ! Hé ! Hé ! Voilà qui intéressera sûrement mes lecteurs ! pense le Schtroumpf Reporter en s'éloignant très vite pour ne pas être repéré.

Il n'attend même pas le lendemain et imprime en hâte une édition spéciale ! Quand le Schtroumpf Bûcheron et le Schtroumpf Bricoleur arrivent au village, le Schtroumpf

Tambour est déjà en train d'en assurer la distribution.

— Le village menacé par l'inconscience du Schtroumpf Bricoleur et du Schtroumpf Bûcheron ! hurle-t-il à tout va.

Les deux « coupables » sont abasourdis... et rapidement convoqués chez le Grand Schtroumpf.

— Je ne vous félicite pas ! les réprimande-t-il, très en colère. C'est un vrai scandale !

— Mais, Grand Schtroumpf, je vous assure que le barrage peut encore tenir, affirme le Schtroumpf Bricoleur.

— SILENCE ! crie le Grand Schtroumpf. Je le sais bien ! J'étais au courant.

Mais il ne fallait pas que les Schtroumpfs l'apprennent. Maintenant, ils sont inquiets. Bon, allez ! J'arrangerai ça. Rentrez chez vous et faites-vous oublier un peu !

Sur le chemin de leur maison, le Schtroumpf Bricoleur et le Schtroumpf Bûcheron sont poursuivis et hués par le reste du village !

— HOUUU, ASSASSINS !

— VENDUS !

— Et dire que c'est moi qui lui ai schtroumpfé sa presse ! bougonne le Schtroumpf Bricoleur.

Bien décidé à exploiter le filon, le Schtroumpf Reporter enchaîne les unes dénonciatrices. Les portraits des Schtroumpfs Farceur, Grognon et Paresseux y apparaissent comme s'ils étaient de terribles criminels. Le Schtroumpf Reporter les accuse d'être des profiteurs qui ne schtroumpfent rien pendant que les autres travaillent. Et les lecteurs en redemandent !

— C'est vrai que le Schtroumpf Paresseux pourrait schtroumpfer un peu plus, dit l'un.

— Moi aussi, je trouve qu'on devrait obliger le Schtroumpf Farceur à arrêter ses schtroumpferies, ajoute un autre.

Et lorsque le Schtroumpf Farceur vient déposer un cadeau explosif à l'imprimerie en guise de représailles, la une du lendemain crie aussitôt à l'attentat !

Le journal est dorénavant devenu incontournable dans la vie des

Schtroumpfs. Certains, qui veulent toujours tout savoir avant tout le monde, comme le Schtroumpf à Lunettes, se le font même livrer à domicile ! Et le journal s'est enrichi de nombreuses rubriques qui ravissent tous les lecteurs. Ou presque.

Si l'horoscope laisse la plupart d'entre eux un brin sceptiques, les romans à l'eau de rose de la Schtroumpfette sont très appréciés. Seul le Schtroumpf Costaud trouve ces histoires de princesses affreusement niaises. Le journal rapporte également les résultats sportifs et s'appuie sur les efforts d'une grenouille pour donner des prévisions météo, plus ou moins fiables. Même le Schtroumpf Peintre s'est adapté au style percutant de *Schtroumpf à la une*,

dans lequel il dessine désormais de petits gags en trois cases. De jour en jour, le succès du journal grandit.

Malgré cela, ce qui devait arriver arrive : le Schtroumpf Reporter n'a pas la moindre information, pas le plus petit scandale à se mettre sous le crayon pour alimenter son édition du lendemain. Pourtant, le journal doit sortir ! Sinon ce sera la fin…

Chapitre 6

Un pouvoir démesuré

À l'idée de perdre son travail et son casse-noisettes géant, le Schtroumpf Gourmand est catastrophé ! Il fait de son mieux pour aider le Schtroumpf Reporter à trouver une idée de sujet.

— Parle des problèmes d'insécurité dans le village !

— Déjà fait !

— Des chenilles qui schtroumpfent la salsepareille !

— Ça aussi !

— Du Schtroumpf Gourmand qui schtroumpfe deux fois plus que les autres !

— Idiot ! C'est toi, le Schtroumpf Gourmand ! Si je te dénonce, je perdrai mon imprimeur et je ne serai pas plus avancé.

Alors que la nuit est déjà tombée sur le village des Schtroumpfs, la Schtroumpfette vient déposer son nouveau récit en chantonnant.

— Pourrais-tu le relire ? demande-t-elle au Schtroumpf Reporter.

— Bien sûr, Schtroumpfette !

Sur le pas de la porte, le Schtroumpf Gourmand et le Schtroumpf Reporter regardent la Schtroumpfette partir.

Comme pour tous les autres Schtroumpfs, leur petit cœur ne bat que pour elle.

— Aaah, la Schtroumpfette ! soupire le Schtroumpf Gourmand. Je me demande de qui elle est amoureuse…

— Moi aussi ! Je schtroumpferais cher pour le savoir…

Soudain, le Schtroumpf Reporter réalise qu'il tient enfin son nouveau sujet.

— Mais oui, bien sûr ! s'exclame-t-il. La voilà, l'idée !

À défaut de la joue de la Schtroumpfette, il dépose un baiser sur le crâne du Schtroumpf Gourmand et le remercie chaleureusement.

— Mais… C'est quoi, l'idée ? demande celui-ci.

— Tu verras demain, dans le journal !

En effet, le lendemain, le quotidien préféré des Schtroumpfs pose une question essentielle : « La Schtroumpfette est amoureuse… Mais de qui ? » L'article du Schtroumpf Reporter échafaude plusieurs théories mais ne donne aucune réponse.

Malgré tout, les Schtroumpfs s'arrachent cette nouvelle édition.

—Je ne comprends pas, s'étonne le Schtroumpf Gourmand… Dans ton journal, on ne dit pas de qui elle est amoureuse !

—Justement ! jubile le Schtroumpf Reporter. C'est ça qui est génial ! Si tu réponds à la question, plus personne ne s'y intéresse. En revanche, si tu n'y réponds pas, les Schtroumpfs veulent savoir et continuent donc

de schtroumpfer le journal. Tu comprends ?

— Non ! Mais, de toute façon, on va avoir la réponse ! Je vois la Schtroumpfette qui schtroumpfe par ici...

Le Schtroumpf Reporter, malin mais pas téméraire, prétexte un article important à écrire et prend ses jambes à son cou. Il fait bien : la Schtroumpfette est furieuse !

— Où est le responsable de ce tissu de mensonges ? demande-t-elle au Schtroumpf Gourmand.

— Il a dû s'absenter ! Je peux peut-être lui schtroumpfer un message ?

— Avec plaisir ! rétorque la Schtroumpfette avant de gifler violemment le Schtroumpf Gourmand.

Celui-ci manque de s'étouffer avec une noisette.

— Dis-lui qu'il n'a pas le droit de parler de ma vie privée dans son torchon ! Et qu'il ne compte plus sur moi pour schtroumpfer des romans ! lui crie-t-elle en s'en allant.

Malheureusement pour la Schtroumpfette, ce n'est que le début d'un long calvaire. Préférant privilégier

les intérêts de son journal plutôt que ceux de la Schtroumpfette, le Schtroumpf Reporter se met à l'espionner jour et nuit. Elle ne peut plus sortir de sa maison sans que chacun de ses faits et gestes soit relaté dans le journal.

Elle veut surprendre tout le village avec une nouvelle robe, pour le bal de la pleine lune ? Son secret est dévoilé plusieurs jours avant. Elle remercie le Schtroumpf Cuisinier d'un baiser sur

la joue, parce qu'elle n'ose plus sortir de chez elle et qu'il lui apporte ses repas à domicile ? *Schtroumpf à la une* se demande s'il ne serait pas l'amour caché de la Schtroumpfette.

Même le Grand Schtroumpf n'ose plus intervenir ! Qu'il ordonne au Schtroumpf Reporter de laisser la Schtroumpfette tranquille, et le voilà aussitôt accusé de censure dans un numéro spécial ! Le Schtroumpf Reporter y suggère même que le Grand Schtroumpf cède sa place ! Du coup, celui-ci choisit de se taire. Et lorsque la Schtroumpfette vient le sommer de mettre fin à ce harcèlement, il prend pour excuse la liberté de la presse, alors qu'en vérité, il a juste peur de perdre sa confortable position de chef du village…

Schtroumpf à la une a pris une place démesurée dans la vie des Schtroumpfs. Tout le monde prend pour argent comptant ce qui y est écrit. Le Schtroumpf Reporter va-t-il trop loin ?

Chapitre 7

Face au danger !

Le soir du bal de la pleine lune arrive enfin. Tout le monde est déguisé… sauf la Schtroumpfette, qui manque à l'appel. Voilà trois jours qu'elle n'a pas montré le bout de son nez !

Elle finit pourtant par faire son apparition, mais sans robe et sans

cavalier pour l'accompagner, contrairement à ce qui avait été annoncé dans la presse. Comme d'habitude, le Schtroumpf à Lunettes met les pieds dans le plat.

— Bonsoir, Schtroumpfette ! Alors, vous n'avez pas schtroumpfé votre nouvelle robe ? Et vous n'êtes pas accompagnée du Schtroumpf Cuisinier ?

L'espace d'un instant, la Schtroumpfette se dit qu'elle mettrait bien une gifle au Schtroumpf à Lunettes. Mais, au lieu de ça, elle se met à pleurer…

— Qu'y a-t-il ? s'empresse de demander le Schtroumpf Costaud, toujours prêt à voler à son secours.

— Ma vie est devenue un véritable enfer ! Je ne peux plus rien

schtroumpfer sans que tout le monde soit immédiatement au courant. Je reste cloîtrée chez moi. Tout ça parce que vous n'arrêtez pas de lire ce stupide journal ! Bouhouhou, que je suis malheureuse…

— Mais… Après tout, c'est la faute du Schtroumpf Reporter, tout ça ! dénonce le Schtroumpf à Lunettes.

Très embarrassé, le Schtroumpf Reporter se tient à l'écart. Il ne sait

pas quoi dire. C'est un peu injuste de tout lui mettre sur le dos. Il est allé trop loin, c'est vrai. Mais tous les autres Schtroumpfs l'ont suivi sur cette voie, toujours plus avides d'informations exclusives sur la vie privée de la Schtroumpfette…

Quelques jours plus tard, le Schtroumpf Reporter est au chômage technique. Depuis que les Schtroumpfs ont décidé de ne plus faire de peine à la Schtroumpfette, plus personne ne lit son journal. Le Grand Schtroumpf, qui n'a désormais plus de souci à se faire pour sa place, le voit déprimer et lui fait la morale.

— Ton erreur est d'avoir oublié pourquoi tu as voulu créer un journal, lui dit-il. Le rôle d'un véritable reporter est d'informer la populaschtroumpf et de la mettre en garde contre tous les dangers qui la menacent…

Agacé, le Schtroumpf Reporter dirait bien au Grand Schtroumpf d'aller voir ailleurs s'il y est. Mais un mot dans le sermon du Grand Schtroumpf a retenu son attention : « danger » !

Mais comment n'y ai-je pas schtroumpfé plus tôt ? pense-t-il en quittant soudainement sa maison.

— Hé, attends ! Je n'ai pas fini ! se vexe le Grand Schtroumpf.

— Plus tard, Grand Schtroumpf ! Je reviens très vite.

Ou pas ! Car l'idée qui vient de jaillir dans l'esprit du Schtroumpf Reporter est en effet dangereuse, voire insensée. Il traverse la forêt à toutes jambes et se retrouve, à la nuit

tombante, devant la sinistre chaumière de Gargamel…

— Quel Schtroumpf ne serait pas intéressé par un reportage sur son plus grand ennemi ?

De l'extérieur, il repère un carreau cassé. Il se glisse au travers en silence. Personne en vue. Depuis le rebord de la fenêtre, il saute sur une table et se cache derrière un pot en métal.

Voici un observatoire idéal ! pense-t-il. *D'ici, je pourrai espionner Gargamel sans crainte d'être schtroumpfé.*

Le Schtroumpf Reporter a oublié un petit détail. Un petit détail beaucoup plus gros que lui et particulièrement affamé.

— Azraël ! s'écrie-t-il.

Eh oui ! L'affreux chat de Gargamel n'est jamais bien loin ! Il prend aussitôt en chasse le Schtroumpf Reporter et tente de lui sauter dessus. Le Schtroumpf Reporter se baisse et parvient à l'éviter. Azraël atterrit alors dans un tas de bouteilles et de bocaux vides posés à terre. Le Schtroumpf Reporter est mort de rire.

— Stupide animal ! lui lance-t-il, trop sûr de lui.

Il prend de nouveau la fuite, mais alors qu'il se retourne pour faire

une grimace au chat, il s'assomme tout seul en se cognant contre une casserole et perd connaissance. Lentement, Azraël s'approche du pauvre Schtroumpf Reporter, inanimé et sans défense…

C'est alors que Gargamel, qui rentre à l'instant, lui fiche un coup de balai sur la tête.

— Arrête, sale bête ! crie-t-il après son chat. Heureusement que j'arrive à

temps ! Ce Schtroumpf est à moi, tu m'entends ? À moi !

Puis Gargamel enferme le Schtroumpf Reporter, encore inconscient, dans une cage...

Chapitre 8

Pris au piège

Encore un peu sonné, le Schtroumpf Reporter se réveille.

— Je suis prisonnier ? s'étonne-t-il.

— Oui ! confirme Gargamel en ricanant. Tu es même *mon* prisonnier ! Mais, dis-moi, tu as un drôle d'accoutrement, pour un Schtroumpf !

— Je suis le Schtroumpf Reporter ! se présente celui-ci avec fierté.

Emporté par sa passion, il raconte toute son histoire à Gargamel.

— Et les Schtroumpfs croient tout ce que tu racontes dans ton journal ?

— Bien sûr ! affirme le Schtroumpf Reporter, vexé qu'on puisse en douter.

Ce qu'il ignore, c'est que son récit a donné à Gargamel une idée machiavélique à souhait. Celui-ci se met à concocter une curieuse potion et fait croire au Schtroumpf Reporter

qu'elle lui permettra de trouver le chemin du village des Schtroumpfs sans devoir être guidé par l'un de ses habitants. Le Schtroumpf Reporter est horrifié !

— Évidemment, si quelqu'un venait à jeter une feuille de salsepareille dans ma préparation, elle serait irrémédiablement gâchée ! ajoute Gargamel. Mais qui pourrait avoir une telle idée ?

Le piège est tendu. Gargamel va se coucher, laissant négligemment traîner la clé de la cage sur le toit de celle-ci. Persuadé que le sorcier est idiot de l'avoir ainsi mise à sa portée, le Schtroumpf Reporter s'en empare aussitôt. Quelques instants plus tard, le voici libre. Gargamel empêche Azraël de le poursuivre.

— Laisse donc courir ce petit naïf ! Bientôt, ils vont revenir plus nombreux. Allons plutôt leur préparer une mauvaise surprise avec cette excellente glu que j'étais occupé à concocter...

Après une longue course, le Schtroumpf Reporter arrive enfin au village. Comme le temps presse, il se

munit d'une louche et d'une casserole, et réveille les autres Schtroumpfs en les frappant l'une contre l'autre.

— Debout, tout le monde ! Le village est en danger ! Gargamel prépare un plan pour nous schtroumpfer !

— Qu'est-ce que c'est que cette histoire ? demande le Grand Schtroumpf, qui est rapidement sorti de son lit.

Le Schtroumpf Reporter fait le récit de sa mésaventure, mais le Grand Schtroumpf ne croit pas un instant à l'existence de cette potion !

— Gargamel s'est bien schtroumpfé de toi ! Ton goût pour le sensationnel t'a fait schtroumpfer des risques insensés. Tu as eu de la chance de lui échapper ! J'espère que ça te schtroumpfera de leçon !

Et le Grand Schtroumpf retourne se coucher. Les autres Schtroumpfs qu'il a réveillés regardent le Schtroumpf Reporter avec un air de reproche. Mais celui-ci déteste avoir tort et ne se laisse pas impressionner.

— Eh bien, moi, déclare-t-il, je sais ce que j'ai vu et entendu ! Gargamel a même dit qu'une feuille de salsepareille schtroumpferait sa préparation en l'air ! C'est pas une preuve, ça ?

— Tu l'aurais schtroumpfée dans ton journal, cette info ? demande le Schtroumpf Costaud.

— Bien sûr !

— Alors, c'est que c'est vrai, parce que si c'est dans le journal, c'est que c'est vrai ! Allons-y tout de suite !

Décidément, le pouvoir de *Schtroumpf à la une* est devenu sans

limite ! Le Schtroumpf à Lunettes tente de s'interposer.

— Mais le Grand Schtroumpf a dit que…

— Le Grand Schtroumpf se fait vieux ! l'interrompt le Schtroumpf Costaud.

— Oui, approuve le Schtroumpf Reporter. Et rappelez-vous qu'il a déjà voulu censurer mon journal !

Tous les Schtroumpfs se précipitent chez Gargamel, avec une feuille

de salsepareille. Convaincus que celui-ci et son chat sont en train de dormir, ils s'introduisent dans la chaumière... et se retrouvent englués dans le piège du sorcier. Tous, sauf

le Schtroumpf Reporter, qui s'est glissé par une autre entrée pour faire son reportage.

— Ha ! Ha ! Ha ! rit Gargamel avec méchanceté. Regarde-moi ces stupides Schtroumpfs qui croient tout ce qu'un reporter pourtant bien naïf leur raconte !

C'était un piège ! réalise enfin le Schtroumpf Reporter. *Vite ! Il faut absolument schtroumpfer le Grand Schtroumpf !*

Chapitre 9

Les Schtroumpfs sont les Schtroumpfs

Une nouvelle course à travers la forêt et quelques explications plus tard, le Grand Schtroumpf est bien embarrassé.

— Pardon, Grand Schtroumpf ! pleurniche le Schtroumpf Reporter. Vous aviez raison, tout est ma faute.

— Il est trop tard pour se lamenter ! Tu m'as bien dit que Gargamel avait schtroumpfé tout le monde dans des cages ?

— Oui ! Mais je ne sais pas où il a schtroumpfé les clés !

— On va le schtroumpfer à son propre piège ! Pourrais-tu schtroumpfer une édition spéciale avant le lever du jour ?

— Euh… Bien sûr, mais… vous croyez que c'est vraiment le moment de schtroumpfer le journal ?

— Je t'expliquerai ! Dépêchons-nous d'agir !

Le lendemain matin, au chant du coq, Gargamel découvre, glissé sous

sa porte, un exemplaire de *Schtroumpf à la une*. Muni d'une loupe, il le parcourt.

Le journal annonce qu'un mauvais virus s'est attaqué aux Schtroumpfs. Inoffensif pour les petits lutins bleus, il serait dangereux pour les humains, qui risqueraient à son contact d'être schtroumpfés en crapauds pleins de pustules.

Gargamel n'y croit pas, mais, pendant qu'il dormait, le Schtroumpf Reporter a badigeonné les

Schtroumpfs emprisonnés de peinture verte. De son côté, le Grand Schtroumpf s'est chargé de dessiner quelques taches brunes sur le visage de Gargamel. En découvrant son reflet dans le miroir, le sorcier panique. Il n'arrive pas à se défaire de l'idée qu'il s'agit d'un piège, mais il ne peut pas non plus s'empêcher de s'imaginer avec une tête de crapaud. Le journal préconisant une mise en quarantaine dans l'heure qui suit la

contamination, le sorcier décide de ne prendre aucun risque et libère les Schtroumpfs !

Lorsqu'il se rend finalement compte que ce qu'il tenait pour d'horribles pustules n'est qu'un peu de peinture et de maquillage, il est trop tard ! Grâce à l'ingéniosité du Grand Schtroumpf, ses prisonniers sont déjà loin, sains et saufs !

— Maudits Schtroumpfs ! hurle Gargamel en se roulant par terre, désespéré. Je me vengerai !

Quelques jours plus tard, le Schtroumpf Reporter est redevenu un Schtroumpf comme les autres. En effet, suite à la terrible mésaven-

ture provoquée par sa soif de scoops, il a décidé d'abandonner la publication de *Schtroumpf à la une.* Il est cependant persuadé que les Schtroumpfs en ont tiré une bonne leçon.

— Je crois que les Schtroumpfs ont enfin compris qu'il ne faut pas croire tout ce qu'on raconte, confie-t-il au Grand Schtroumpf.

Le Schtroumpf Reporter est bien optimiste. Alors qu'ils se promènent tous les deux côte à côte, ils entendent une conversation qui prouve tout le contraire.

— Tiens, tu as schtroumpfé la dernière ? Il paraît que le Schtroumpf à Lunettes a schtroumpfé une raclée au Schtroumpf Costaud ! Il paraîtrait même qu'il l'aurait fait d'une seule

main, tout en lisant un recueil de proverbes de l'autre.

Le Schtroumpf Reporter est complètement dépité. Apparemment, les Schtroumpfs sont toujours prêts à croire les pires inepties.

— Ne fais pas cette tête ! le console le Grand Schtroumpf. Les Schtroumpfs sont les Schtroumpfs ! Ils ont besoin d'un peu de temps pour changer…

Du moment qu'ils sont heureux…

FIN

TABLE

hachette s'engage pour l'environnement en réduisant l'empreinte carbone de ses livres. Celle de cet exemplaire est de :
400 g éq. CO_2
Rendez-vous sur
www.hachette-durable.fr

Photogravure Nord Compo - Villeneuve d'Ascq

Imprimé en Roumanie par G. Canale & C. S.A.
Dépôt légal : mars 2014
Achevé d'imprimer : mars 2014
20.4410.5/01 – ISBN 978-2-01-204410-4
Loi n° 49956 du 16 juillet 1949
sur les publications destinées à la jeunesse